DAS LESEBUCH

Geschichten

Lesende Tiere	Anne und Paul Maar	4
Lesen	Ben Kuipers	6
Jeder kann etwas	Josef Guggenmos	10
Tu's nicht!	Ute Andresen	12
Der dicke fette Pfannekuchen	Volksmärchen	14
Liegen lassen – eine Mäusegeschichte	Fredrik Vahle	18
Das Geheimnis des Bildhauers	Jean-Claude Carrière	21
Wie heisst du denn?	Jürgen Spohn	22
Kinder allesamt	Hans Manz	23
Suchspiele	Gerda Anger-Schmidt	24
Wegwerfgeschichte	Franz Hohler	26
Froschkönig	Rotraut Susanne Berner	27
Kinderverse aus anderen Ländern	Silvia Hüsler	32
Diehier und Dieda	Joke van Leeuwen	34
Alexander explodiert	Manfred Mai	38
Andere Ausdrücke für «Auto»	Gerda Anger-Schmidt	40
Vom Streiten und Dröhnen und vom schönen sich Versöhnen	Gerda Anger-Schmidt	42
Zentimetersorgen	Christine Nöstlinger	44
Ohrfeigen	Christine Nöstlinger	45
Gestern	Frantz Wittkamp	46
Sabine	Marianne Kreft	47
Eklig	Rotraut Susanne Berner	48

Gleiche Buchstaben	Anne und Paul Maar	50
Hilfe!	Salah Naoura	52
Genau	Manfred Mai	54
Das kranke Kaninchen	Jens Rassmus	55
Alles vom Aal	Paul Maar	56
Das Faultier	Bibi Dumon Tak	58
Beweise	Manfred Mai	59
Der kleine Dings in der Schule	Martin Klein	60
Der gelbe Fisch	Horst Bartnitzky	64
Der Löwe und die Mücke	Max Bolliger	66
Briefwechsel und Rätselgedichte	Paul Maar	67
Die Sterne	Franz Hohler	68
Weich flockt s in Wald	Kurt Heusser	69
Die Geschichte vom beschenkten Nikolaus	Alfons Schweiggert	70
Weihnachten – wie es wirklich war	Franz Hohler	72
Herr Uhu erzählt Gruselgeschichten	Erwin Moser	76
Muh und Meh	Jürg Schubiger	78
Der Handydieb	Franz Hohler	80
Es war einmal ein Igel	Franz Hohler	82
Das Rhinozeros	Brigitte Schär	84
S.O.S im Internet	Gerda Anger-Schmidt	88
Papa gibt sich Mühe	Salah Naoura	90
Quellenverzeichnis		94

Lesende Tiere

Anne und Paul Maar

Giselher, das Gürteltier
liest jede Nacht
bis gegen vier

Peter Paul, der Pelikan
greift am liebsten
zum Roman

Isidor, der Igel
liest wöchentlich
den Spiegel

Adalbert, der Auerhahn
guckt sich lieber Comics an

Kunibert, das Krokodil
liest sehr schnell und
auch sehr viel

Leseschlange Lis

Zeno, der Zitronenfalter
ist recht belesen
für sein Alter

Balduin, der Biber
mag Märchenbücher lieber

Leonhard, der Leguan
schaut sich
Bilderbücher an

Spartakus,
das sanfte Schwein
guckt gern mal
in 'nen Krimi rein

Eduard, der Elefant
nimmt gern ein
Gruselbuch zur Hand

ass sich bis nach Pisa

Lesen

Ben Kuipers

Was ist das denn? Was für ein Papier hängt an Lamms Haustür? Es steht etwas darauf. Wolf beugt sich vor.

«!AollalleA!»

Alles nur Bogen und Zacken und Striche, Gekrakel und Gekritzel. Das bedeutet nichts. Also steht gar nichts darauf. Wolf geht hinein.

«Lamm!», ruft er.
«An deiner Tür hängt etwas Merkwürdiges.»

Er kriegt keine Antwort. Lamm ist nicht zu Hause. Wolf beschliesst zu warten. Er setzt sich in den bequemsten Sessel. Darin kann er gut nachdenken. Er denkt an das merkwürdige Papier, auf dem nichts steht, obgleich es doch beschrieben ist. Wolf macht die Augen zu. Mit geschlossenen Augen kann er besser über so etwas Schwieriges nachdenken. Er denkt ganz lange und tief nach. Erst, als die Tür aufgeht, schlägt er die Augen wieder auf.

Kannst du mir helfen herauszufinden,
was Lamm geschrieben hat?
Vielleicht geht es mit einem roten Sichtmäppli?

«Guten Morgen, Lamm», sagt er.
«He, Wolf! Hast du es gelesen?»
«Gelesen?», sagt Wolf. «Ich habe nichts gelesen.»
«Aber sicher. Du bist doch hereingekommen.
Also musst du es auch gelesen haben.»
«Was soll ich gelesen haben?»
«Meinen Brief», ruft Lamm. «Meinen Brief an alle.»

Lamm rennt nach draussen und kommt mit dem Papier zurück.

«Stehen da Wörter?», fragt Wolf.
«Es sind meine eigenen Worte», sagt Lamm.
«Und ich habe sie mit meinen eigenen Buchstaben geschrieben. Andere Buchstaben kenne ich nicht.
Ich kann nicht lesen. Und nicht schreiben.
Deshalb schreibe ich so.»
«Oh», sagt Wolf. «Was steht denn da?»

Lamm liest vor:

«Ui», sagt der Wolf. «Das habe ich nicht getan.»
«Natürlich nicht», sagt Lamm. «Du hast ja meinen Brief
zu Ende gelesen. Es steht noch mehr darin.»
«Was?», fragt Wolf.

«Nicht hereinkommen!»

liest Lamm vor.

«Warten, bis Lamm fragt: Wer ist da? Darauf muss man seinen Namen nennen. Man darf aber noch nicht hinein. Erst, wenn Lamm ‹Herein!› ruft.»

«Du hast nicht gerufen», sagt Wolf.
«Du warst nicht da. Und ich bin trotzdem reingegangen.»
«Ist doch klar. Du hast alles gelesen.»
«Steht da noch mehr?», fragt Wolf.
Lamm liest vor:

«Nein Wolf darf nein»
«komm doch Ohne zu klopfen,»
«ohne zu warten!»

Lamm guckt Wolf an. «Du bist mein Freund.
Deshalb hast du meinen Brief auch verstanden.
Freunde verstehen einander.»

Na, war doch gar nicht so schwierig!

Jeder kann etwas

Josef Guggenmos

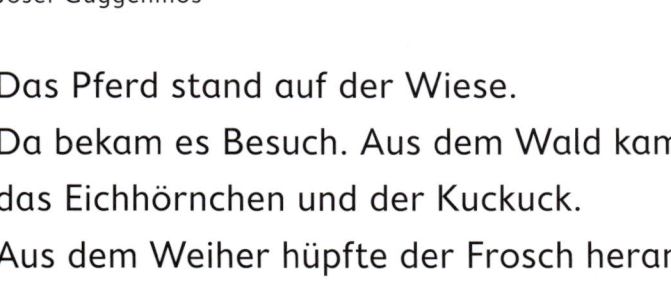

Das Pferd stand auf der Wiese.
Da bekam es Besuch. Aus dem Wald kamen
das Eichhörnchen und der Kuckuck.
Aus dem Weiher hüpfte der Frosch heran.
Und dann kam auch noch der Maulwurf
über die Wiese gerannt.

Das Pferd sagte: «Ich habe Kraft. Wenn ihr wollt,
könnt ihr euch alle auf meinen Rücken setzen,
dann trage ich euch im Galopp über die Wiese.
Wer von euch kann mich tragen?»
«Ich nicht», sagte das Eichkätzchen.
«Dafür kann ich etwas anderes.
Da drüben steht eine hohe Tanne.
Wer klettert mit mir um die Wette
am Stamm hinauf?» Auf diese Wette wollte
sich keiner einlassen. «Ich kann nicht klettern»,
sagte der Kuckuck, «aber ich kann fliegen.
Im August fliege ich nach Afrika,

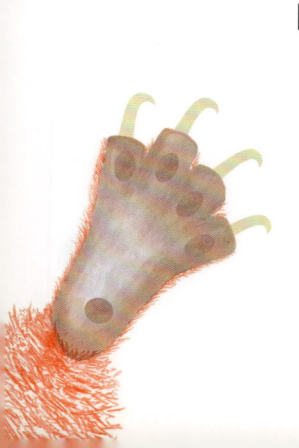

Bringe die Tiere zum Klatschen!
Klappe das Buch schnell auf und zu.
Schau dabei zwischen die Seiten.

und im nächsten April bin ich wieder hier.
Und ganz alleine finde ich bis nach Afrika
und wieder zurück. Ist das nichts?»
«Das ist toll», meinte der Frosch.
«Aber ich kann auch etwas.
Ich kann schwimmen. Und wenn's Winter wird,
setze ich mich unten im Weiher in den Schlamm
und warte, bis es Frühling wird.»
«Das macht dir keiner nach»,
sagten die anderen Tiere.
«Jeder von uns kann etwas Besonderes.
Aber du Maulwurf ... Wo steckst du denn?
Maulwurf, wo bist du?»
Sie starrten auf die Stelle, wo der Maulwurf
eben noch gestanden hatte.
Da war nur ein Loch. «Hier bin ich!»
rief der Maulwurf hinter ihnen.

Während die anderen redeten, hatte er sich
unter ihren Füssen durch die Erde gewühlt.
Jeder kann etwas.

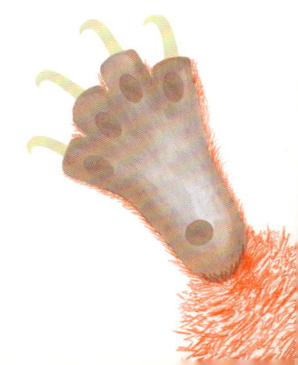

Tu's nicht!
Ute Andresen

Da war einmal ein Drache.
Der lebte in einer ...
Na, du kannst es dir denken:
in einer Höhle natürlich,
in einer Höhle tief drinnen im ...
Du hast es dir schon gedacht:
tief drinnen im Berg
Da lebte er, der Drache.

Und einmal hat er
in seiner Gier
so viel Lava
und Feuer
und Schwefel verschlungen –
sein Lieblingsessen,
musst du wissen –,
dass er nicht schlafen konnte,
so hat es ihn gezwackt
und gedrückt ...

Bauch!
Ja, im Bauch!
In seinem dicken, vollen Bauch.
Und da hat er –
damit ihm leichter würde
und er schlafen könnte –
da hat er einen ...

Wie sag ich es bloss?
Da hat er ...
Nein!
Ich kann es nicht sagen!

So was sagt man doch nicht!
Und das tut man auch nicht!
Jedenfalls nicht,
wenn man nicht allein ist.

Aber er war allein.
Und er hat es getan.
Und da gab es ein

ERDBEBEN

Der dicke fette Pfannekuchen

Volksmärchen

Erzähler 1: Es waren einmal 3 alte Frauen.
Sie hatten Lust auf einen Pfannekuchen.

Frau 1: Lasst uns einen Pfannekuchen backen.
Ich hole die Eier.

Frau 2: Ich hole die Milch.

Frau 3: Ich hole das Mehl und das Fett.

Erzähler 2: Daraus buken sie einen Pfannekuchen.
Er war so dick und fett, dass er
aus der Pfanne plumpste und wegrollte.

Erzähler 1: Er rollte kantapper, kantapper
auf die Strasse hinaus.

Erzähler 2: Auf der Strasse begegnete ihm ein Hase.

Hase: Dicker fetter Pfannekuchen, bleib stehen.
Ich will dich fressen!

Pfannekuchen: Ich bin den 3 alten Frauen weggerollt.
Da soll ich dir, Hase Wippschwanz,
nicht entkommen?

Erzähler 1:	Er rollte kantapper, kantapper in den Wald hinein.
Erzähler 2:	Im Wald begegnete ihm der Wolf.
Wolf:	Dicker fetter Pfannekuchen, bleib stehen. Ich will dich fressen!
Pfannekuchen:	Ich bin den 3 alten Frauen weggerollt und dem Hasen Wippschwanz. Da soll ich dir, Wolf Dickbauch, nicht entkommen?
Erzähler 1:	Er rollte kantapper, kantapper weiter in den Wald hinein.
Erzähler 2:	Da kam eine Ziege angehüpft.
Ziege:	Dicker fetter Pfannekuchen, bleib stehen. Ich will dich fressen!
Pfannekuchen:	Ich bin den 3 alten Frauen weggerollt, dem Hasen Wippschwanz und dem Wolf Dickbauch. Da soll ich dir, Ziege Langbart, nicht entkommen?

Erzähler 2:	Er rollte kantapper, kantapper weiter in den Wald hinein.
Erzähler 1:	Da kam ein Pferd gesprungen.
Pferd:	Dicker fetter Pfannekuchen, bleib stehen. Ich will dich fressen!
Pfannekuchen:	Ich bin den 3 alten Frauen weggerollt, dem Hasen Wippschwanz, dem Wolf Dickbauch und der Ziege Langbart. Da soll ich dir, Pferd Platthuf, nicht entkommen?
Erzähler 1:	Er rollte kantapper, kantapper weiter in den Wald hinein.
Erzähler 2:	Da kam ein Schwein angerannt.
Schwein:	Dicker fetter Pfannekuchen, bleib stehen. Ich will dich fressen!
Pfannekuchen:	Ich bin den 3 alten Frauen weggerollt, dem Hasen Wippschwanz, dem Wolf Dickbauch, der Ziege Langbart und dem Pferd Platthuf. Da soll ich dir, Schwein Kringelschwanz, nicht entkommen?

Erzähler 1:	Er rollte kantapper, kantapper weiter in den Wald hinein.
Erzähler 2:	Da kamen 3 Kinder. Sie hatten keinen Vater und keine Mutter mehr.
Kinder:	Lieber Pfannekuchen, bleib stehen! Wir haben noch nichts gegessen den ganzen Tag!
Erzähler2:	Da sprang der dicke fette Pfannekuchen den Kindern in den Korb und liess sich von ihnen essen.

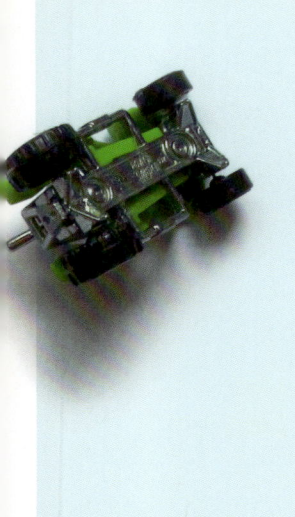

Liegen lassen – eine Mäusegeschichte

Fredrik Vahle

Kabutzke ist ein Tüftler. Überall tüftelt er herum. In der Küche, im Wohnzimmer, im Keller und in der Speisekammer.

Meistens tüftelt er etwas aus.

Und wenn Luzi kommt, hat Kabutzke schon eine neue Idee und ist ganz woanders. Luzi findet dann die Reste von Kabutzkes Tüftelei und ruft laut und deutlich:

«IMMER LÄSST DU ALLES LIEGEN!»

Aber Kabutzke ist bis über beide Mauseohren hinweg schon wieder in etwas ganz anderes vertieft.

Einmal hat Kabutzke eine Erdnussbutterschmiermaschine ausgetüftelt. Jedenfalls hat er es versucht.

Küchenmesser, Gummibänder, Kleber und zwei alte Radiergummis liegen hinterher herum. Und Luzi ruft sehr deutlich:

«IMMER LÄSST DU ALLES LIEGEN!»

Ein anderes Mal hat Kabutzke eine Katzentatzenwarntrompete ausgetüftelt. Jedenfalls hat er es versucht. Ein Ende von einem Gartenschlauch, ein Plastiktrichter und eine Rolle Klebeband sind übrig geblieben. Und Luzi ruft sehr laut:

«IMMER LÄSST DU ALLES LIEGEN!»

Das nächste Mal hat Kabutzke ein Käsekrümelsuchgerät ausgetüftelt. Der Versuch ging schief. Nur die Käsekrümel, die Kabutzke probeweise versteckt hat, findet Luzi noch drei Tage später hinter der Blumenvase, in ihrem Lieblingsbuch und sogar unter ihrem Kopfkissen. Wenn sich Käse verkrümelt, kann man es riechen. Luzi riecht das und ruft ärgerlich durchs ganze Haus:

«IMMER LÄSST DU ALLES LIEGEN!
ES IST NICHT ZUM AUSHALTEN!
WILLST DU EIGENTLICH STREIT MIT MIR HABEN?»

Keine Antwort von Kabutzke.

Luzi fängt an, ihn zu suchen, findet ihn aber nicht. Sie sucht überall. Endlich sieht sie ihn. Er hat sich einfach unter den Tisch gelegt und die Hände über dem Bauch gefaltet.

«Was soll denn das schon wieder?», fragt Luzi.
«Das siehst du doch:

ICH LASSE MICH LIEGEN!

Wenn ich immer alles liegen lasse, kann ich mich selbst auch mal liegen lassen. Schliesslich bin ich auch ein Teil von ALLES.»

«Und ich auch. Ich bin auch ein Teil von ALLES», sagt Luzi und legt sich neben Kabutzke.
So liegen sie beide friedlich nebeneinander.

Und nach einer Weile spricht Luzi:
«Komisch, wenn ich liege, wird mir so anders zumute.
Eben war ich noch ganz ärgerlich auf dich und hätte dich bis auf den Mond schiessen können.
Jetzt habe ich ausgeschnauft und denke, es ist viel schöner, etwas zusammen zu machen.
Und wenn es nur so was ist, wie nebeneinanderzuliegen und zum Fenster hinaus den Himmel anzugucken.»

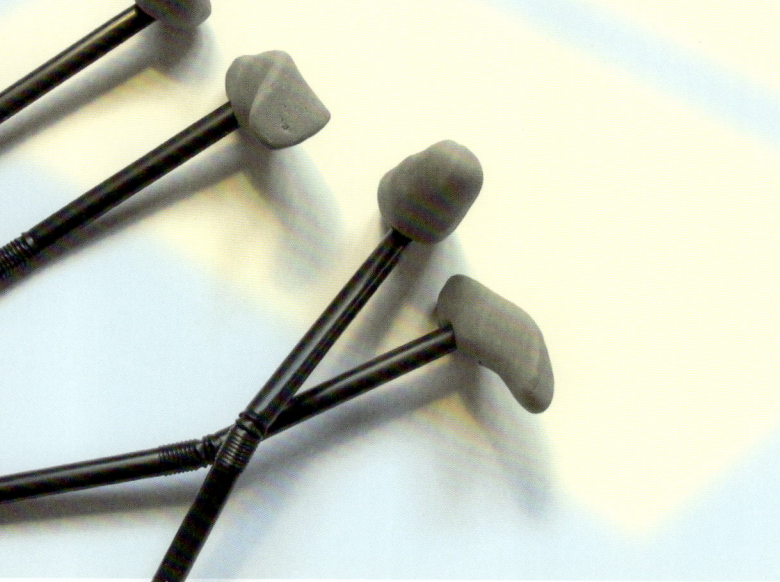

Das Geheimnis des Bildhauers

Jean-Claude Carrière

Ein Bildhauer liess sich einen grossen Steinblock liefern
und machte sich an die Arbeit.
Einige Monate später hat er ein Pferd aus Stein gemeisselt.

Da fragte ihn ein Kind, das ihm bei der Arbeit zugesehen hat:
«Woher wusstest du, dass ein Pferd im Stein steckte?»

Wie heisst du denn?

Jürgen Spohn

Dieter-Peter Seisogut

Katherina Ohnemut
Manuela Lassdassein
Ina-Tina Dummundklein

Dorothea Immerwieder
Adelgunde Ohnelieder
Anneliese Lieberspäter
Udo-Herman Freundverräter
Hans-Joachim Achselzucker
Heiner-Hugo Fernzielspucker
Maximilian Nachbarschreck
Margarethe Laufnichtweg
Karoline Küssmichmal
Friederike Miregal

Ludovico Zeigmalher
Michaela Gehtnichtmehr
Karl-Matthias Immerich
Rosalinde Werliebtmich

Kinder allesamt

Hans Manz

Von deinem Vater,
deiner Mutter
bist du das Kind.

Von deinen Grossvätern,
deinen Grossmüttern
sind deine Eltern die Kinder.

Von deinen Urgrossvätern,
deinen Urgrossmüttern
sind deine Grosseltern die Kinder

Also sind deine Grosseltern,
deine Eltern und du
allesamt Kinder.

Suchspiele

Gerda Anger-Schmidt

In jedem Gehege sitzt ein Tier, das nicht hineingehört.
Welches ist es?

Schafe

Wolkenschaf
Zackelschaf
Dickhornschaf
Merinoschaf

Adler

Steinadler
Gummiadler
Seeadler
Fischadler

Tiger

Königstiger
Sundatiger
Sibirischer Tiger
Sofatiger

Affen

Schimpanse
Gorilla
Lackaffe
Pavian

Vögel

Singvogel
Papagei
Raubvogel
Spassvogel

Füchse

Postfuchs
Wüstenfuchs
Rotfuchs
Weissfuchs

Wölfe

Polarwolf
Fleischwolf
Pyrenäenwolf
Wolfsschakal

Geier

Weisskopfgeier
Mönchsgeier
Pleitegeier
Lämmergeier

25

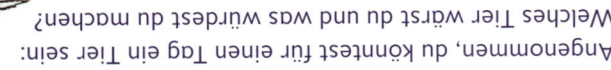

Angenommen, du könntest für einen Tag ein Tier sein: Welches Tier wärst du und was würdest du machen?

Wegwerfgeschichte

Franz Hohler

Es
war
einmal
ein Zwerg,
der war
1.89 m
gross.

Kinderverse aus anderen Ländern

Silvia Hüsler

Luo (Kenya)

Narobo tandarobo
Alle rufen laut
Narobo tandarobo
Alle rufen laut
Narobo tandarobo
Alle rufen laut
Narobo tandarobo
Alle rufen laut
Nyithindo matindo
Alle kleinen Kinder
Biru watugi
Kommen und spielen
Koda kidi watugi,
Spielen mit Steinen
Koda kidi watugi,
Spielen mit Steinen
Koda kidi watugi,
Spielen mit Steinen
Narobo tandarobo.
Alle rufen laut.

Kiswahili / Swahili (Tanzania)

Moja, mbili, tatu,
Eins, zwei, drei,
Nne, tano, sita,
Vier, fünf, sechs,
Saba, nane, tisa,
Sieben, acht, neun,
Farasi kwenda
Rösschen spring.
Nimerarua Nguo
Ich habe mein Kleid zerrissen,
Haipendezi
Es gefällt mir nicht mehr.
Ypelek ee Mamma
Bring es der Mutter,
Akaji shone
Sie wird es wieder flicken.
Sisi leo hapa
Wir freuen uns heute hier unten,
Tunafurahia
Und die Engel dort oben.
Na malaika walioko juu.

Tagalog (Philippinen)

Sampung mga daliri
Zehn Finger
Kamay at paa
Hände und Füsse:
Dalawang tenga, dalawang mata
Zwei Ohren, zwei Augen
Ilong na maganda.
Eine hübsche Nase.

Paa, tuhod
Fuss, Knie
Balikat, ulo
Schulter, Kopf

Visaya (Philippinen)

Isa, duha, tulo
Eins, zwei, drei
Hunong, tan-aw, pamati.
Stopp, schau, höre.

Tulo, duha, isa
Drei, zwei, eins
Hunong, tan-aw, pamati.
Stopp, schau, höre.

Diehier und Dieda

Joke van Leeuwen

Diehier: Ich sammle Zuckertütchen.
　　　　Ich habe schon tausend.

 Dieda: Was? Schon tausend? Klasse.

Diehier: Ich sammle auch Briefmarken.
　　　　Ich hab die allerweitwegste Sorte Briefmarken.
　　　　Die allerschönsten. Und ganz seltene Serien.

 Dieda: Was, alle weit weg und ganz selten? Super.

Diehier: Sammelst du nichts?

 Dieda: Doch. Natürlich. Was dachtest du denn?
　　　　Ich sammle Unsichtbares.

Diehier: Unsichtbares? Geht das?

 Dieda: Warum soll das nicht gehen?

Diehier: Unsichtbares kann man nicht sehen.
　　　　Das, ist unsichtbar.

 Dieda: Ja, das stimmt.

Diehier: Aber dann weisst du doch nicht, was du hast?

Dieda: Nein, aber du kannst dir vorstellen, dass du es weisst.
Dann hast du immer so viel, wie du willst.
Ich hab, glaube ich, mindestens eine Million
unsichtbare Zuckertütchen.
Und ich habe die alleraller-unglaublich-
unvorstellbar-weitwegste Briefmarkensorte.
Unsichtbar.

Diehier: Unsichtbar zählt nicht. Das ist kein Sammeln.
Du musst sehen, was du hast.

Dieda: Oder hören. Zählt das auch?

Diehier: Klar. Hören gehört dazu.
Wenn ich meine Zuckertütchen schüttle,
kann ich den Zucker hören.

Dieda: Ja, das ist schön. Zucker höre ich gerne.
Leider gibt es nur wenige Leute,
die Zucker hören.

Diehier: Ja, das ist wahr. Zucker ist schon aufgegessen,
bevor man ihn gehört hat.

Dieda: Kann man auch Briefmarken hören?

Diehier: Man kann, aber man muss
gute Ohren haben.
Und mit der Briefmarke wedeln,
aber nicht zu sehr. Briefmarken
dürfen nicht beschädigt werden.

Dieda: Eigentlich sammle ich noch was.
Etwas, das man hören kann.

Diehier: Was denn?

Dieda: Wörter.

Diehier: Wörter? Schneidest du die irgendwo aus?
Schreibst du sie auf?
Hast du ein Wörterbuch zum Einkleben?

Dieda: Nein, ich sammle sie in meinem Kopf.
Ich hasse Einkleben. Überall ist Klebstoff,
nur nicht da, wo er sein soll.
Im Kopf brauchst du keinen Klebstoff.

Diehier: In deinem Kopf? Jeder hat Wörter im Kopf.
Ich auch.

Dieda: Das ist gut. Dann können wir Wörter tauschen.

Diehier: Wie meinst du das?

Dieda: Ganz einfach: Du sagst ein schwieriges Wort,
das ich noch nicht habe, und dann tue ich es
in meinen Kopf zu den anderen Wörtern.
Und du bekommst ein Wort zurück,
das du noch nicht hast.

Diehier: Aha ...

Worauf bist du besonders stolz?

Dieda: Aha hab ich schon. Das ist zu einfach.

Diehier: ... Kollektion.

Dieda: Das ist ein schönes Wort. Kol-lek-ti-on.
Das Wort hatte ich noch nicht.
Jetzt hab ich es. Hast du es gehört? Ich hab es.
Vielen Dank, dass du mir das Wort gegeben hast.

Diehier: Aber ich habe es auch noch. Kollektion.
Hörst du?

Dieda: Das ist gut. Es gibt Leute, die geben so viele
Wörter weg, dass sie nichts für sich behalten.
Von solchen Menschen hörst du später nichts mehr.

Diehier: Man kann sie aber doch noch sehen?

Dieda: Manche sind unsichtbar geworden.

Diehier: Ach ... aber hab ich dir schon erzählt,
woher meine allerweitwegste Briefmarke kommt?

Dieda: Sag schon.

Diehier: Von den Salomoninseln!

Dieda: Oh, das ist ein schönes Wort:
Salomoninseln. Vielen Dank.

Diehier: Bitte schön.

Alexander explodiert

Manfred Mai

Seit einer halben Stunde sitzen die Kinder der zweiten Klasse mit heissen Köpfen über ihren Rechenaufgaben. Manchmal stöhnt jemand, manchmal raschelt Papier. Sonst ist es mucksmäuschenstill.

Bis plötzlich ein ungeheures Geräusch alle Köpfe hochfahren lässt. Alle Kinder schauen in die Richtung, aus der das Geräusch kam. Auch Herr Abelmann schaut in die Richtung.

«Was war denn das?», fragt er. «Ein Pups!», ruft Stefan. Die Kinder fangen an zu kichern.

«Wenn das ein Pups war, war es kein Pups mehr, sondern ein Furz», sagt Herr Abelmann.
«Und zwar ein ganz gewaltiger.»
Jetzt lachen die Kinder. Sie müssen so sehr lachen, dass ihnen die Bäuche wehtun.
«Hast du gehört?», gluckst Isa ihrer Freundin zu.
«Herr Abelmann hat Furz gesagt.»

Die Kinder sind es nicht gewohnt, dass ihr Lehrer solche Wörter in den Mund nimmt, denn normalerweise tut er das nicht. Aber wie soll er dieses gewaltige Geräusch denn sonst nennen?

«Wer hat denn diesen ... diesen ...» Herr Abelmann zögert.

«Tut mir leid, aber mir fällt kein passenderes Wort als Furz ein.»
Schon prusten die Kinder wieder los. «Also», sagt Herr Abelmann,
«wer hat diesen gewaltigen Furz gelassen?
Das würde mich wirklich interessieren.»
Wieder drehen alle die Köpfe.

«Der war's», ruft Michael und zeigt auf Alexander.
«Der furzt immer.»
«Stimmt ja gar nicht!», wehrt sich Alexander.
Herr Abelmann guckt Alexander an und hat irgendwie das
Gefühl, dass es doch stimmt. Deswegen sagt er: «Es gehört
sich ja sonst nicht, in einem Raum mit anderen zu pupsen.
Aber wer so einen sagenhaften Furz lassen kann, braucht
sich nicht zu schämen. Den hätte ich gern auf Band aufge-
nommen, weil ich so etwas noch nie gehört habe.»

Da gibt Alexander zu, dass er es war.
«Aber nicht mit Absicht», fügt er schnell hinzu. «Ich habe für
die Rechenaufgaben oben im Kopf so fest nachdenken müssen,
dass ich nicht auch noch aufpassen konnte, was unten im Po passiert.»

Herr Abelmann und die Kinder lachen.
«Jetzt wollen wir den Rest der Stunde lieber wieder
mit dem Kopf arbeiten», sagt Herr Abelmann.
«Aber bitte nicht so fest, dass ihr unten alle explodiert.»
Das hätte er lieber nicht sagen sollen.

Andere Ausdrücke für «Auto»

Gerda Anger-Schmidt

VIERRAD JET RANDSTEIN MASERATI STRASSENSEGLER NAHVERFLIEGER 8REGISTERORGEL FAMILIENKUTSCHE LUXUSSCHLITTEN HEISSE MÜHLE FLOTTER OFEN

Welche Namen kennst du?

SCHROTTKARRE

DÜNENFLITZER

HEIZÖLFERRARI

LEUKOPLASTBOMBER

KEYDERKISTE

SCHLEUDERSCHNECKEN

HAMSTERBOX

KÜBEL

überdachte ZÜNDKERZE

KNUTSCHKUGEL

KINDERWAGEN

Vom Streiten und Dröhnen
und vom schönen sich Versöhnen

Gerda Anger-Schmidt

Ich kann sieben Meter weit spucken! Und du?
Ich siebzehn.
Mmm! Ausserdem kann ich neunzehn Erdbeerknödel essen.
Und ich dreissig.
Kannst du nicht!
Kann ich doch!
Angeber!
Selber Angeber!
Blödmann!
Schiessbudenfigur!
Spatzenhirn!
Schreckschraube!
Du bist sowas von gemein! Das gibt's überhaupt nicht!
Und du bist noch viel gemeiner!
Das gibt's noch viel weniger!

Hornochs!
Krampfhenne!
Rippenbiest!
Speckschwarte!
Mit dir rede ich nie wieder!
Nie wieder in meinem ganzen Leben.
Und ich will dich nie mehr sehen.
Bis in alle Ewigkeit nicht!
Und nach der Ewigkeit, sind wir dann wieder gut?
Vielleicht.
Und wenn ich dir ein Stück Wassermelone schenke?
Ja, dann ... dann bestimmt ...
Dann können wir um die Wette spucken.
Aber wir spucken gleich weit, abgemacht?
Abgemacht!
Obwohl ich weiter spucken kann als du ...
Das glaubst aber auch nur du!

Zentimetersorgen

Christine Nöstlinger

Anna und Berta waren gleich alt.
Anna war, für ihr Alter,
um 20 Zentimeter zu gross.
Worunter sie sehr litt.

Berta war, für ihr Alter,
um 20 Zentimeter zu klein.
Worunter sie sehr litt.

Anna und Berta schlossen
Freundschaft miteinander,
und alle meinten:
«Die zwei passen ja ganz
unmöglich zusammen!»

Die zwei passten aber
sehr gut zueinander.
Weil geteiltes Leid halbes Leid ist.
Und weil jede, für sich allein,
ein 20 Zentimeter-Leid hatte,
wurde daraus, wenn sie
zusammen waren,
ein 10-Zentimeter-Leid.
Auch wenn alle andern bloss den
40 Zentimeter-Unterschied sahen.

Ohrfeigen

Christine Nöstlinger

Nachdem der grosse Bruder dem Hans wieder einmal eine Ohrfeige gegeben hatte, sagt sich der Hans: «Beim nächsten Mal wird zurückgeschlagen! Haut er mir eine runter, hau ich ihm eine rauf! Das ist nur gerecht!»

Und dann dachte sich der Hans: Da die Hände meines Bruders doppelt so lang sind wie die meinen, muss ich ihm eigentlich zwei Ohrfeigen geben!

Und da sie auch doppelt so breit sind, muss ich ihm eigentlich vier Ohrfeigen geben, und da er auch mit doppelt so viel Kraft zuschlagen kann, muss ich ihm eigentlich acht Ohrfeigen geben, wenn er mir eine gibt!

Ob ich das auch schaffe?

Lange dachte der Hans darüber nach, dann sagte er zu sich: «Ich glaube, brutale Gewalt in der Familie sollte nicht sein!»

Gestern

Frantz Wittkamp

Gestern hab ich mir vorgestellt,
ich wär der einzige Mensch auf der Welt.
Ganz einsam war ich und weinte schon,
da klingelte leider das Telefon.

Sabine

Marianne Kreft

Wenn Sabine Hunger hat, dann sagt sie:
Ich habe Hunger.
Wenn Sabine Durst hat, dann sagt sie:
Ich habe Durst.
Wenn Sabine Bauchweh hat, dann sagt sie:
Ich habe Bauchweh.
Dann bekommt sie zu essen,
zu trinken und auch
eine Wärmflasche auf den Bauch.
Und wenn Sabine Angst hat,
dann sagt sie nichts.
Und wenn Sabine traurig ist,
dann sagt sie nichts.
Und wenn Sabine böse ist,
dann sagt sie nichts.
Niemand weiss,
warum Sabine Angst hat.
Niemand weiss,
warum Sabine traurig ist.
Niemand weiss,
warum Sabine böse ist.

Niemand kann Sabine verstehen
und niemand kann Sabine helfen,
weil Sabine
nicht über Sabine spricht.

Sag schnell zwei Dinge, die du an dir magst.

Sammelst du etwas?

Eklig

Rotraut Susanne Berner

«Iiiih!», sagt Karlchen und macht ein paar Schritte rückwärts. Mitten auf dem Weg liegt ein Käfer.
«Ich mag keine Käfer», sagt Karlchen.
«Und warum nicht?», fragt Papa.
«Weil sie so eklig aussehen», sagt Karlchen.
«Schau mal, Karlchen», sagt Papa. «Der hier ist auf den Rücken gefallen. Wir müssen ihm helfen.»
«Warum gibt es überhaupt Käfer?», fragt Karlchen.
«Und warum gibt es Mücken die stechen, und giftige Schlangen und gefährliche Hunde und Spinnen?»
«Das weiss keiner ganz genau», sagt Papa und nimmt ein kleines Stöckchen. «Aber warum gibt es zum Beispiel dich und mich und Mama?»
«Wir stechen ja nicht», sagt Karlchen.
«Und wir sind auch nicht gefährlich.»

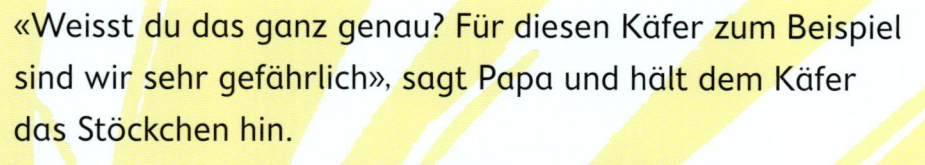

«Weisst du das ganz genau? Für diesen Käfer zum Beispiel sind wir sehr gefährlich», sagt Papa und hält dem Käfer das Stöckchen hin.
«Hm», sagt Karlchen und kommt vorsichtig näher.
«Weil wir so gross sind?»
«Ja, genau. Schau, jetzt hat er sich umgedreht», sagt Papa.
«Er hat ja grüne und goldene Flügel», ruft Karlchen, «mit ganz vielen kleinen Punkten!»

«Ja, und er kann fliegen», sagt Papa.
«Er hat sich auf den Rosenbusch gesetzt. Vielleicht wohnt da seine Familie.»

Karlchen nimmt Papas Hand.
«Ich höre Mama rufen», sagt er.
«Ja», sagt Papa. «Das Abendessen ist fertig.»

Gleiche Buchstaben

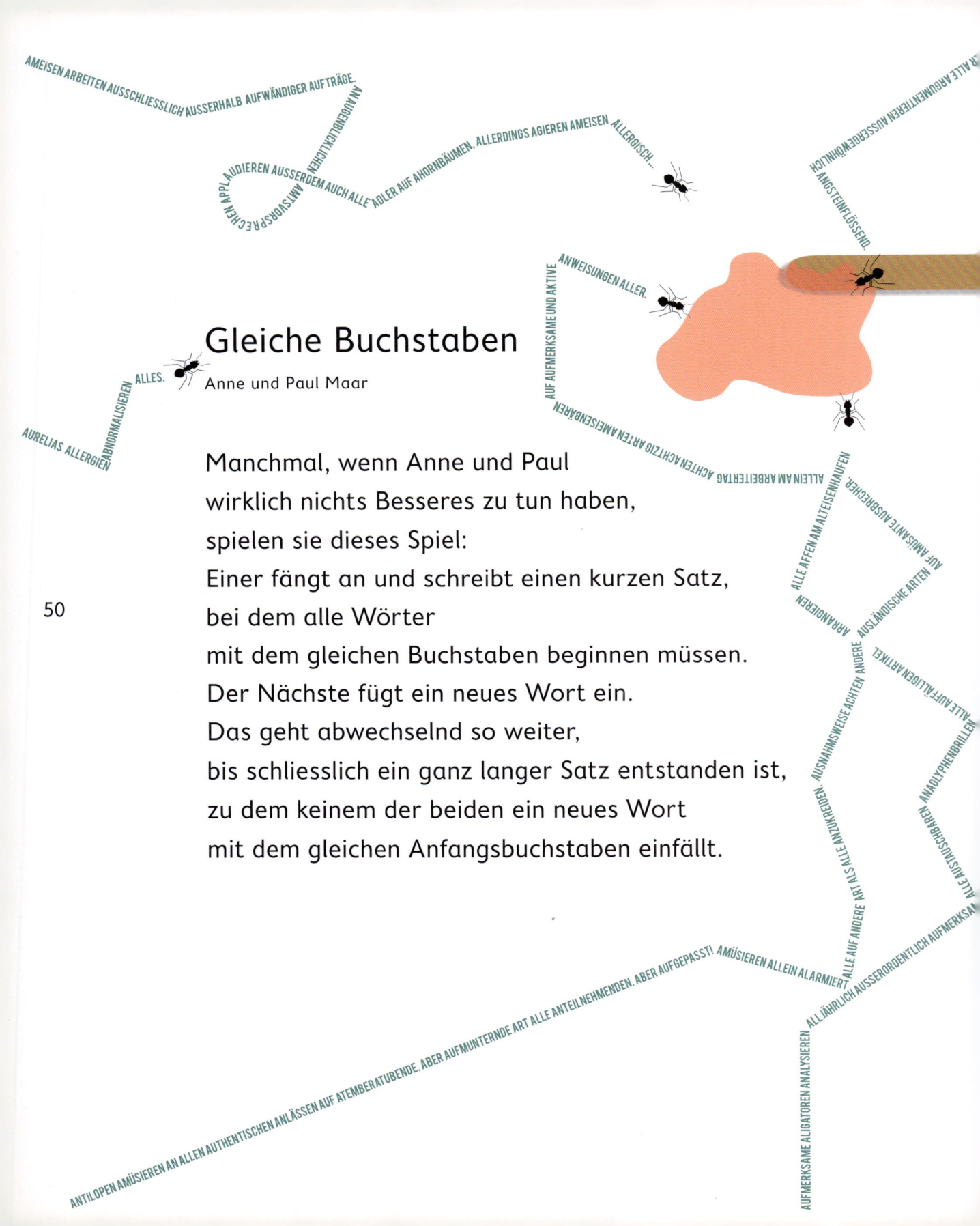

Anne und Paul Maar

Manchmal, wenn Anne und Paul
wirklich nichts Besseres zu tun haben,
spielen sie dieses Spiel:
Einer fängt an und schreibt einen kurzen Satz,
bei dem alle Wörter
mit dem gleichen Buchstaben beginnen müssen.
Der Nächste fügt ein neues Wort ein.
Das geht abwechselnd so weiter,
bis schliesslich ein ganz langer Satz entstanden ist,
zu dem keinem der beiden ein neues Wort
mit dem gleichen Anfangsbuchstaben einfällt.

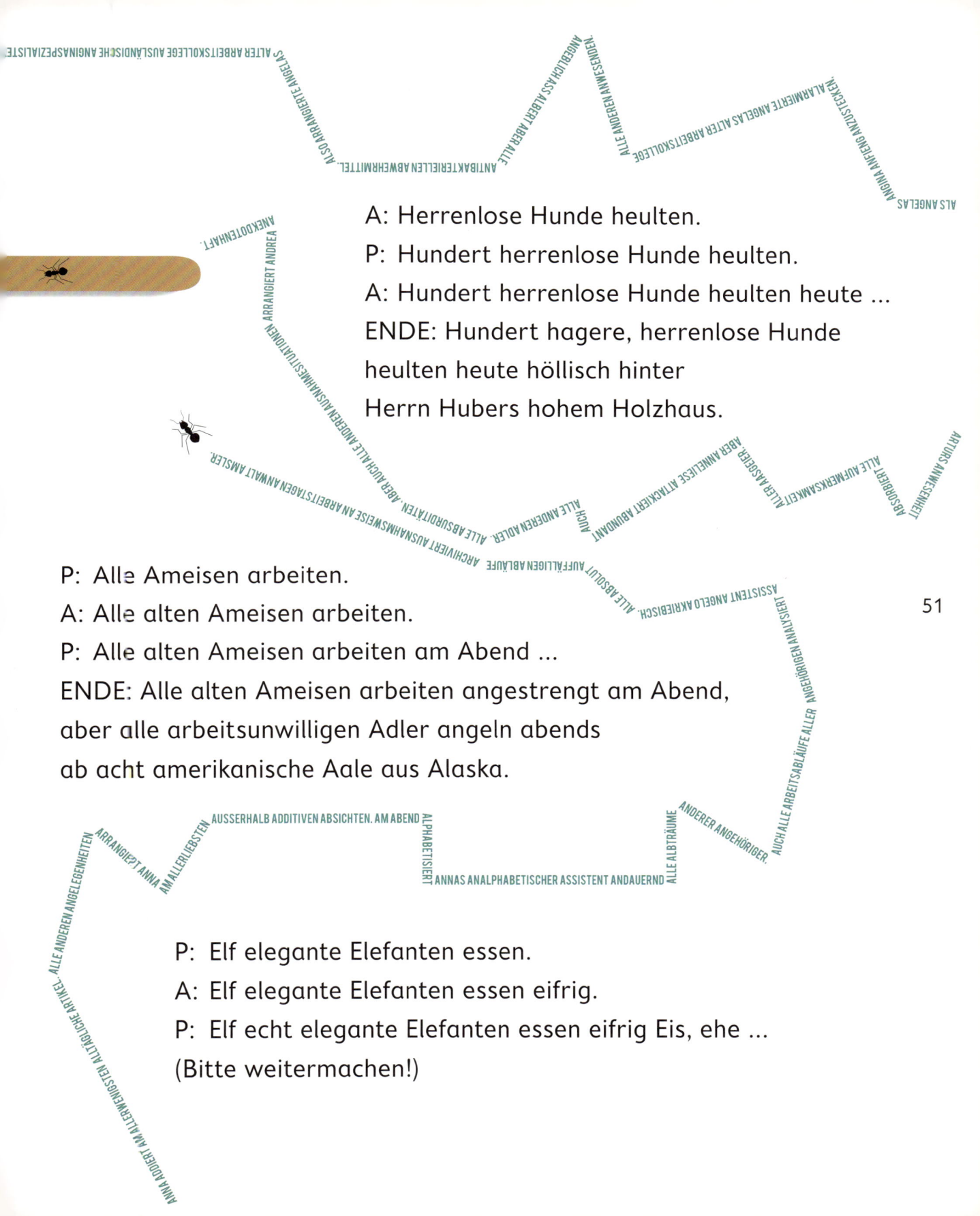

A: Herrenlose Hunde heulten.
P: Hundert herrenlose Hunde heulten.
A: Hundert herrenlose Hunde heulten heute …
ENDE: Hundert hagere, herrenlose Hunde heulten heute höllisch hinter Herrn Hubers hohem Holzhaus.

P: Alle Ameisen arbeiten.
A: Alle alten Ameisen arbeiten.
P: Alle alten Ameisen arbeiten am Abend …
ENDE: Alle alten Ameisen arbeiten angestrengt am Abend, aber alle arbeitsunwilligen Adler angeln abends ab acht amerikanische Aale aus Alaska.

P: Elf elegante Elefanten essen.
A: Elf elegante Elefanten essen eifrig.
P: Elf echt elegante Elefanten essen eifrig Eis, ehe …
(Bitte weitermachen!)

Hilfe!

Salah Naoura

Ein Eisbär schrieb im Internet:
Suche Freundin, bin sehr nett.
Habe leider gar kein Geld,
wohne hier am Arsch der Welt,
ohne Heizung, ohne Haus,
sehe nicht besonders aus,
sitz auf einem Floss aus Eis,
kaum erkennbar, bin ja weiss.
Um mich rum ist alles nass,
echt, so langsam nervt mich das!
Wäre schön, ich hätte dich!
HILFE! BITTE FINDE MICH!
Mein Floss wird kleiner und treibt ab,
der Akku macht so langsam schlapp,
Weiterschreiben wird wohl schwer,
mein PC fällt grad ins —

Eisbär

sportlich

2m 60cm gross

Hobby:
Eisschollensurfen

Lieblingsessen:
frischer Eisbergsalat
an Schneesternsosse

Wer sucht auch noch eine Freundin?

Zitronenfalter	 Krokodil
Löwe	 Wachtelei
 Wildsau	 Schwein
 Qualle	Schaf
 Elefant	 Fuchs

Genau

Manfred Mai

Dies ist eine gewöhnliche Geschichte – nein, ganz und gar nicht. Es ist sogar eine sehr ungewöhnliche Geschichte. Wenn ihr sie genau lest, werdet ihr bald wissen, was an ihr so ungewöhnlich ist. Vielleicht wissen es einige von euch jetzt schon oder sie ahnen es zumindest. Wer es noch nicht weiss, liest am besten noch einmal von vorn.

So, nun geht´s weiter.
Die Geschichte ist deswegen so ungewöhnlich, weil ihr etwas ehlt, und zwar etwas sehr Wichtiges, au das eine richtige Geschichte nicht verzichten ann.

Jetzt habt ihr es bestimmt gemert. Oder etwa immer noch nicht? Das ann ich mir nicht vorstellen. Dann liegt es daran, dass ihr nicht genau genug lest. Das ist natürlich ein ehler.

Ehler? Was ist denn das ür ein Wort? Da ehlt doch etwas. Genau! Da ehlt ein F. Und obwohl das ehlt, habt ihr die Geschichte bisher gelesen und önnt sie auch verstehen. Richtig, hier ehlt nicht nur das F, sondern auch noch das K.

Deswegen frage ich mich und euch: Brauchen wir vielleicht gar nicht so viele Buchstaben, um einander zu verstehen? Önnen wir vielleicht sogar auf das A verzichten?

Probiert es doch mit einer eigenen Geschichte us!

Das kranke Kaninchen

Jens Rassmus

Das Kaninchen war so erkältet, dass es fast nichts mehr riechen konnte. Und seine Augen tränten so sehr, dass es auch fast nichts mehr sehen konnte. Es wollte sich aus seinem Bau ein Taschentuch holen, doch da es so schlecht sehen konnte, lief es in die falsche Richtung, und da es so schlecht riechen konnte, roch es den Fuchs nicht, kroch versehentlich in dessen Bau und schnäuzte sich die Nase in einem Geschirrhandtuch. Dann legte es sich ins Bett, um zu schlafen.

Im Bett lag natürlich der Fuchs. Er schlief schon längst, denn er war an diesem Abend besonders müde gewesen. Als sich das Kaninchen an ihn kuschelte, schreckte er hoch und traute seinen Augen nicht. Er betrachtete die langen Ohren, das zarte Fell und das rosa Näschen, das sich an ihn schmiegte. «Das wird leider nur ein schöner Traum sein», dachte er schlaftrunken. «Ich bin ja nicht blöd.» Er drehte sich auf die andere Seite und schlief weiter.

Nach ein paar Stunden wachte das Kaninchen auf. Der Schnupfen war nun etwas besser. Es rieb sich die Augen und blickte sich um. Als es den Fuchs entdeckte, erschrak es fast zu Tode! Leise und vorsichtig kletterte es aus dem Bett und hoppelte, so schnell es konnte, ins Freie. Wenig später erwachte der Fuchs ebenfalls. Ohne Kaninchen, ganz allein. «Dachte ich's mir doch», murmelte er.

Dann musste er niesen.

Alles vom Aal

Paul Maar

(Der Aal ist ein guter Fisch,
weil man auf seinen Namen
so viele Reimwörter findet.)

Es war einmal ein Aal,
der schwamm durch den Kanal.
Ostern ist er reingeschwommen,
Pfingsten wieder rausgekommen.

Es war einmal ein Aal,
der war ein wenig schmal.
So ist es nicht verwunderlich,
dass dieser Aal dem Schnurwurm glich.

Es war einmal ein Aal,
der ging in ein Lokal
und forderte – man glaubt es nicht! –
zum Mittagsmahl ein Fischgericht.

Es war einmal ein Aal,
der trug 'nen gelben Schal.
Da kauften sich die anderen Aale,
auch solche schicken gelben Schale.

Es war einmal ein Aal,
der schwamm nicht ganz normal.
Er hielt den Bauch nach oben immer
Und sagte: «Ich bin Rückenschwimmer.»

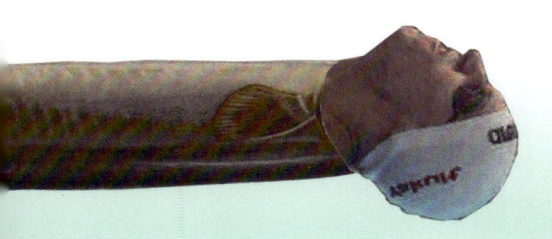

Ein Nachtrag

«Weshalb gibt es
nur Reime mit Aal?
Ich finde das schlecht,
gar nicht normal,
und echt ungerecht»,
sagt der Hecht.
«Ist mir doch egal»,
sagt der Aal.

Ist der Aal total normal,
schwimmt er kahl durch den Kanal.
Weil er aber Haare hatte,
war's kein Aal, es war 'ne Ratte.

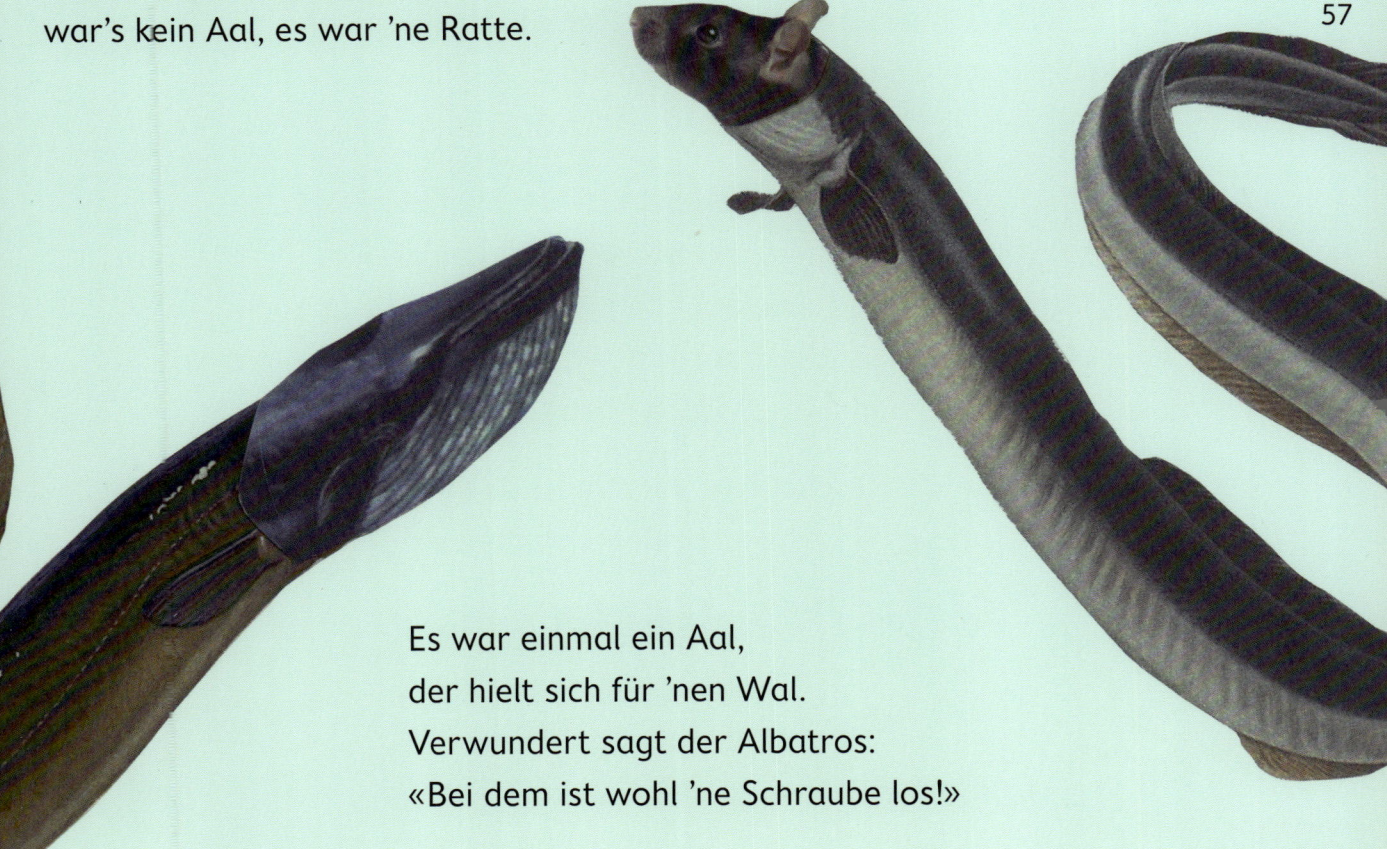

Es war einmal ein Aal,
der hielt sich für 'nen Wal.
Verwundert sagt der Albatros:
«Bei dem ist wohl 'ne Schraube los!»

Das Faultier

Bibi Dumon Tak

Einatmen, ausatmen. Einatmen, ausatmen. Das Faultier schläft. Ssssssst. Es hängt mit seinen Krallen umgekehrt an einem Ast.

Wie eine haarige Hängematte. Wenn der Urwald drum herum wach wird, döst das Faultier weiter. Und wenn der Urwald wieder schlafen geht, duselt das Faultier noch immer vor sich hin.

Ab und zu öffnet es die Augen. Mit langem Arm greift es ein Blatt und noch eines und kaut, kaut, kaut. Bis es wieder ein einschzzzzzzzzzzzzzzz...

Das Faultier hängt in einem Baum und kommt beinah nie herunter. Zum Glück, denn es kann nicht mal laufen, sondern nur ein bisschen kriechen. Es schleppt seinen Körper über den Boden. Mit einer Geschwindigkeit von einem Meter pro Stunde ist es langsamer als eine Schnecke.

Aber manchmal muss es doch von seinem Baum. Dann lässt es sich rutschend sacken. Das Faultier kackt nämlich auf dem Boden. Und da es nicht sein ganzes Leben auf dem Weg sein will von oben nach unten und wieder zurück, kackt es nur ganz selten. Einmal alle zehn Tage, und das ist schon anstrengend genug.

Faultiere sehen aus wie Kuscheltiere. Man möchte sie am liebsten vom Baum pflücken, sie mit ins warme Bett nehmen und schlafen, schlafen, schz zzzzzzzzzzzzz...

Beweise

Manfred Mai

«Mama, weisst du genau, dass ich ich bin?», fragt Linda.
«Wie bitte?»
«Ob du ganz genau weisst, dass ich ich bin», wiederholt Linda.
Mama schüttelt den Kopf. «Also Kind, du stellst Fragen.
Wie kommst du nur auf so was?»
«Weil ich es wissen möchte.»
«Natürlich bist du du», sagt Mama. «Wer sollst du denn sonst sein?»
«Vielleicht bin ich im Krankenhaus mit einem anderen Baby
vertauscht worden.»
«Bestimmt nicht», sagt Mama.
Linda denkt nach. «Vielleicht doch. Dann bin ich gar nicht
Linda Schön, sondern ein ganz anderes Mädchen.»
«Red doch keinen Unsinn. Du bist meine Tochter und ...»
Mama stockt. «Warte mal.» Sie geht zum Schrank,
holt ein Kästchen und nimmt ein rosa Armbändchen heraus.
«Das hat dir die Hebamme gleich nach deiner Geburt um den Arm
gebunden. Und darauf steht deutlich dein Name: Linda Schön.»
Mama lächelt. «Und da ist noch etwas.» Sie hebt ihre Haare hoch
und zeigt Linda ihren Nacken.
«Hast du den Leberfleck etwa vergessen?»
«Genau wie meiner», sagt Linda.
«Glaubst du jetzt, dass du du bist?»
Klar glaubt Linda das.
Irgendwie konnte sie sich's
auch gar nicht anders vorstellen.

Der kleine Dings in der Schule

Martin Klein

Auf dem Planeten Dingsda haben alle Bewohner drei Ohren.
Gerade beginnt dort ein neuer Tag.
Wie jeden Morgen gehen drei Sonnen auf.
So wird jeder Tag dreifach schön.
«Aufstehen!», ruft der Sonnenwecker.
«Gleich», murmelt der kleine Dings.

Jetzt aber los! Der kleine Dings fährt mit dem Düsen-Fahrrad zur Schule.
Den Antrieb übernehmen die Tret-Düsen.
Das Fahrrad düst bis in den Klassenraum.
Danach rollt es von selbst zum Parkplatz.
Düsen-Fahrräder sind komfortabel und zugleich nicht dumm.

«Guten Morgen Kinder», sagt die Lehrerin und macht einen Handstand.
Das ist auf Dingsda so üblich.
«Guten Morgen, Frau BRWSXPRCTZ!»,
erwidern die Schüler von unten nach oben.
Wie bitte?
Wie war das?
Noch mal bitte.
Diesmal ohne Handstand. Vielleicht wird's dann klarer.
Also: «Frau BRWSXPRCTZ», widerholen die Kinder.
«Das ist doch ganz leicht!»

Zuerst haben sie Planetenrechnen, dann spielen sie Weltraum-Hockey.
Weltraum-Hockey ist auf dem Planeten Dingsda ein sehr beliebter Sport.
Die Kinder steigen in ihre Raumanzüge und das Schulschiff bringt sie ins All.
Ein Tor ist zwischen Saturn und Pluto geknüpft.
Das andere befindet sich zwischen Venus und Mars.
Die Hockey-Schläger sind ganz normal.
Ausser, dass sie einen Turbo-Antrieb haben.
Los geht's!
Das Spiel endet zwei Millionen zu einer Million.

Zurück auf dem Planeten verkündet die Lehrerin:
«Zum Abschluss machen wir noch ein paar Erfindungen»
«Au ja!», jubeln die Kinder.
Ein Kind erfindet einen Würfel.
Der von eins bis sieben würfelt.
Eine Neuheit im Universum!
Ein anderes erfindet einen Kopfhörer für drei Ohren.
Darauf ist noch nie jemand gekommen.
Und was macht der kleine Dings?
Der schreibt, malt und bastelt wie verrückt.
Schliesslich ist er fertig.

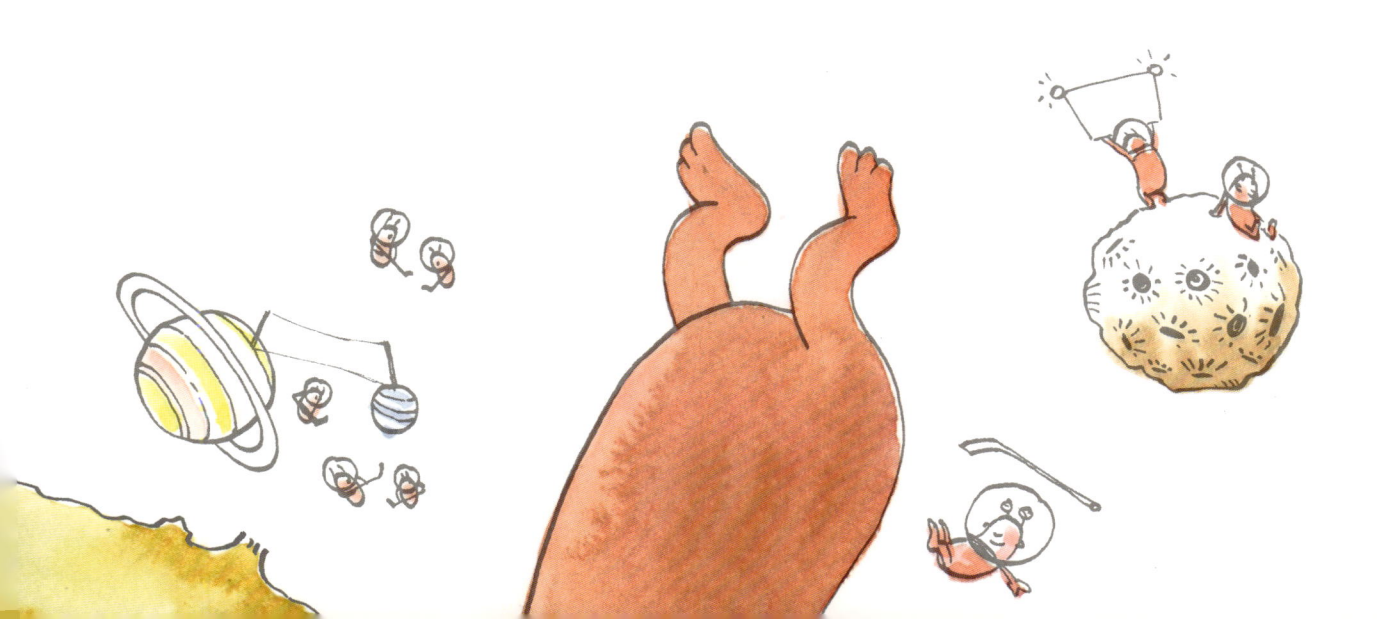

«Was ist das?», fragen alle erstaunt.
«Das ist ein BLATT-UMDREHUNGS-CHAOS-HANDWERK»,
sagt der kleine Dings stolz. «So etwas gab's noch nie!»
«Wie?», fragen die Kinder.
«Was?»
«Hä?», macht die Lehrerin.
«Ein BLATT-UMDREHUNGS-CHAOS-HANDWERK»,
wiederholt der kleine Dings geduldig. «Abkürzung: B-U-C-H. Buch.»
«Wie funktioniert das? Was macht man damit? Wofür ist das gut?»,
fragen alle durcheinander.
«Damit kann man in andere Welten reisen», sagt der kleine Dings.
«Noch schneller als mit einem Raumschiff oder einer Zeitmaschine.»
«Toll! Wahnsinn! Ganz o.k.», rufen die andern Kinder.
«Was für einen Treibstoff braucht man dafür?»
«Fantasie-Energie», sagt der kleine Dings,
klappt das Buch auf und liest vor:

Ich, der kleine MRWSXPRCTZ,
war schon einmal auf dem Planeten
Erde. Ich habe dort einen Menschen
kennen gelernt. Wie jeder weiss,
haben Menschen nur zwei Ohren.
Sie wohnen in Häusern und sind
nicht rot, sondern flauschig.
Hinten haben sie einen fransigen Stiel.
Damit begrüssen sie sich.

Die Geschichte ist hier zu Ende.
Halt, nicht ganz.
Der kleine Dings möchte sich
noch verabschieden.

«ÜRCXSSCPRÜCRSXTZ!»
Das heisst übersetzt: Auf Wiedersehen

«XCRZ, ÄRCXSSCPRÄCRSXTZ.»
Das heisst übersetzt: Übrigens, Bücher
sind auf Dingsda neuerdings sehr beliebt.

Der gelbe Fisch

Horst Bartnitzky

Es war einmal ein 🐟.

Er schwamm im Meer
und suchte einen Freund.

Da traf der 🐟 einige 🐟.

«Hallo 🐟!» rief der 🐟. «Ist hier auch ein 🐟?

Ich suche einen Freund, und der soll 🟡 sein.»

«Nein», sagten die 🐟, «einen 🐟 gibt es hier nicht.»

«Schade», sagte der 🐟 und schwamm weiter.

Da traf der 🐟 einige 🐟.

«Hallo, 🐟!» rief der 🐟.

«Ist hier auch ein 🐟?»

«Nein», sagten die 🐟, «einen 🐟 gibt es hier nicht.»

«Schade», sagte der 🐟 und schwamm weiter.

Was ist das Langweiligste, was du dir vorstellen kannst?

Da traf der 🐟 viele, viele 🐟🐟.

Sie spielten 🏐 mit ihren Flossen.
Das war Flossenball.

Einige 🐟 waren 🟥, einige waren 🟩,

einige hatten 🟡 Muster, einige hatten 🟥🟦 Muster.

«Hallo, 🐟,» rief der 🐟.

«Ist hier auch ein 🐟 dabei?
Ich suche einen Freund, und der soll 🟨 sein.»
«Nein, einen 🐟 gibt es hier noch nicht.
Aber wenn du mitspielst, dann sind wir alle deine Freunde!»

Ein 🐟 schlug den 🏐 dem 🐟 zu.

Der schlug den 🏐 zurück.

Da freuten sich die 🐟.

«Wie schön! Wie schön!

Nun ist auch ein 🐟 bei uns!»

Der Löwe und die Mücke

Max Bolliger

Eine Mücke umschwirrte den Kopf eines Löwen und
wäre gern mit ihm ins Gespräch gekommen.
«Ich bin stärker als du», sagte sie.
Der Löwe hatte keine Lust, sich mit einer Mücke zu unterhalten.
«Glaubst du etwa, ich fürchte mich vor deinen Pranken
oder deinen Zähnen?»
«Mach dich davon und lass mich in Frieden», knurrte der Löwe.
Doch die Mücke liess nicht locker.
«Lass uns zusammen kämpfen», sagte sie und
gab mit ihrem Gesumme das Zeichen zum Angriff.
«Wenn es mir nicht gelingt, dir weh zu tun,
gebe ich mich geschlagen.»
Als sie sich ins Ohr des Löwen setzte, erwachte er endlich aus
seiner Ruhe und versuchte, sie mit seinen Pranken zu vertreiben.
Doch die Mücke hatte sein Ohr längst wieder verlassen und
stach ihn mitten auf die Nase.
«Au», schrie der Löwe.
«Ich habe gewonnen», sagte die Mücke und flog davon.
In ihrem Stolz merkte sie nicht, dass sie in das Netz einer Spinne
geriet und sich darin verwickelte.
Als sich die Spinne auf sie stürzte, schrie die Mücke:
«Nimm dich in acht. Ich bin stärker als ein Löwe.»
Die Spinne lachte über diesen Scherz und verschlang sie im Nu.

Paul Maar

Briefwechsel

Die Hände schreiben an die Füsse:
«Von hier oben schöne Grüsse»
Die Füsse schreiben gleich zurück:
«Von hier unten ganz viel Glück»

Rätselgedichte

Es hat zwei Flügel
Und kann auch laufen.
Es ist kein Vogel,
du kannst es nicht kaufen.
Du hast es öfter in Gebrauch
Zum Putzen und zum Bohren auch.

So musst du es beginnen:
Du gehst durchs grosse Loch hinein.
Und dann?
Dann gehst du durch drei Löcher raus.
Und dann?
Dann bist du drinnen!

Die Sterne

Franz Hohler

Früher, als Mutter Erde noch am Pröbeln war, hatten die Menschen statt Haare Blumen auf dem Kopf. Das sah zwar sehr schön aus, vor allem wenn die Blumen blühten und alle mit einer bunten kleinen Wiese auf dem Schädel herumliefen. Aber die Blüten wurden von den Bienen besucht, und so gingen die Menschen nicht nur mit Wiesen auf ihren Köpfen umher, sondern wurden auch ständig von Bienenschwärmen umsummt. Wenn sie eine falsche Bewegung machten, wurden sie gestochen.

Unangenehm war das, richtig unangenehm, und die Menschen beschwerten sich bei Mutter Erde.

Ihr habt Recht, sagte diese, so geht das nicht.

Sie riss ihnen die Blüten von den Köpfen und warf sie mit großem Schwung an den Himmel hinauf. Dort blieben sie und leuchteten von jetzt an als Sterne herunter, und die Blumenstängel, welche den Menschen auf dem Kopf blieben, wurden zu Haaren.

Von den Leuten mit Glatze ist noch heute bekannt, dass sie besonders gern zu den Sternen hinaufgucken, ohne dass sie genau wissen, warum.

Weich flockt s in Wald

Kurt Heusser

En Strohstern sirrt,
en Yszapfe klirrt,

d Stalltör chnarret,
s Eseli scharret,

weich flockt s in Wald

Es dunklet –
me munklet,

de Chlaus chämi bald.

Die Geschichte vom beschenkten Nikolaus

Alfons Schweiggert

Einmal kam der heilige Nikolaus am 6. Dezember
zum kleinen Klaus. Er fragte ihn:
«Bist du im letzten Jahr auch brav gewesen?»
Klaus antwortete : «Ja, fast immer.»
Der Nikolaus fragte: «Kannst du mir auch
ein schönes Gedicht aufsagen?»

> «Lieber, guter Nikolaus,
> du bist jetzt bei mir zu Haus,
> bitte leer die Taschen aus,
> dann lass ich dich wieder raus.»

Der Nikolaus sagte: «Das hast du schön gemacht.»
Er schenkte dem Klaus Äpfel,
Nüsse, Mandarinen und Plätzchen.
«Danke», sagte Klaus.
«Auf Wiedersehen», sagte der Nikolaus.
Er drehte sich um und wollte gehen.
«Halt», rief Klaus.
Der Nikolaus schaute sich erstaunt um:
«Was ist?», fragte er.

Da sagte Klaus: «Und was ist mit dir?
Warst du im letzten Jahr auch brav?»
«So ziemlich», antwortete der Nikolaus.
Da fragte Klaus: «Kannst du mir auch
ein schönes Gedicht aufsagen?»
«Ja», sagte der Nikolaus.

> «Liebes, gutes, braves Kind,
> draussen geht ein kalter Wind,
> koch mir einen Tee geschwind,
> dass ich gut nach Hause find.»

«Wird gemacht», sagte Klaus. Er kochte dem
Nikolaus einen heissen Tee.
Der Nikolaus schlürfte ihn und ass dazu
Plätzchen. Da wurde ihm schön warm.
Als er fertig war, stand er auf und ging zur Türe.
«Danke für den Tee», sagte er freundlich.
«Bitte, gerne geschehen», sagte Klaus.
«Und komm auch nächstes Jahr vorbei, dann
beschenken wir uns wieder.»
«Natürlich, kleiner Nikolaus», sagte der grosse
Nikolaus und ging hinaus in die kalte Nacht.

Weihnachten — wie es wirklich war

Franz Hohler

War es so?

Maria kam gelaufen
Josef kam geritten
Das Jesuskindlein war glücklich
Der Ochse erglänzte
Der Esel jubelte
Der Stern schnaufte
Die himmlischen Heerscharen lagen in der Krippe
Die Hirten wackelten mit den Ohren
Die Heiligen Drei Könige beteten
Alle standen daneben

Oder so?

Maria lag in der Krippe
Josef erglänzte
Das Jesuskindlein kam gelaufen
Der Ochse war glücklich
Der Esel stand daneben
Der Stern jubelte
Die himmlischen Heerscharen kamen geritten
Die Hirten schnauften
Die Heiligen Drei Könige wackelten mit den Ohren
Alle beteten

Oder so?

Maria schnaufte
Josef betete
Das Jesuskindlein stand daneben
Der Ochse kam gelaufen
Der Esel kam geritten
Der Stern lag in der Krippe
Die himmlischen Heerscharen wackelten mit den Ohren
Die Hirten erglänzten
Die Heiligen Drei Könige waren glücklich
Alle jubelten

Oder so?

Maria jubelte
Josef war glücklich
Das Jesuskindlein wackelte mit den Ohren
Der Ochse lag in der Krippe
Der Esel erglänzte
Der Stern betete
Die himmlischen Heerscharen standen daneben
Die Hirten kamen geritten
Die Heiligen Drei Könige kamen gelaufen
Alle schnauften

Welche Geschichte über dich als kleines Kind erzählen deine Eltern immer wieder?

Oder etwa so?

Maria betete
Josef stand daneben
Das Jesuskindlein lag in der Krippe
Der Ochse schnaufte
Der Esel wackelte mit den Ohren
Der Stern erglänzte
Die himmlischen Heerscharen jubelten
Die Hirten kamen gelaufen
Die Heiligen Drei Könige kamen geritten
Alle waren glücklich

Ja, so.

Herr Uhu erzählt Gruselgeschichten

Erwin Moser

Eines Abends tauchte ein grosser, alter Uhu am See auf. Niemand hatte ihn je zuvor gesehen. Der Uhu flog zu der Insel im See und setzte sich auf den hohlen Baum, der dort stand. Unbeweglich sass er da. Mit seinen grossen, gelben Augen schaute er übers Wasser, und es sah aus, als warte er auf etwas. Die Maus Sibilla, die in dem hohlen Baum wohnte, entdeckte ihn als erste. «Guten Abend», sagte sie. «Warten Sie auf jemanden, Herr Uhu?» «Eigentlich nicht», antwortete der Vogel. «Ich ruhe mich hier bloss aus. Hab einen weiten Flug hinter mir, war dort, hinter den Bergen.» «Interessant», sagte die Maus. «Und wie sieht es dort aus?» «Phantastisch», sagte der Uhu. «Unheimlich, entsetzlich und wunderbar. Riesige Wälder gibt es dort, und gefährliche Tiere lauern überall. Soll ich dir davon erzählen?» «O ja!» rief die Maus. «Ich mag gruselige Geschichten!»

In dieser Nacht erzählte Herr Uhu der Maus Sibilla die Geschichte vom bösen Zwerg Brabramolla und dem Drachen Omorok. Sibilla war begeistert. Am nächsten Morgen berichtete sie dem Biber von ihrer nächtlichen Begegnung. Der Biber wollte ebenfalls Gruselgeschichten hören. Zusammen warteten sie, ob der Uhu auch diese Nacht zum hohlen Baum käme. Und er kam! Wieder setzte er sich auf den Baum und begann zu erzählen. Er erzählte den beiden

Was meinst du, müsste noch erfunden werden? Worüber möchtest du gern mehr wissen?

die Geschichte von einer riesigen Kröte, die in einem Brunnen lebte und einen Schatz bewachte. Der Biber und die Maus hörten mit offenen Mündern zu. Solche tollen Geschichten hatten sie noch nie gehört.

Am nächsten Abend hatte der Uhu bereits fünf Zuhörer: Sibilla, den Biber und drei weitere Sumpfmäuse. Diesmal erzählte Herr Uhu die Geschichte von der feuerspeienden Spinne Lukluk und ihrem Kampf mit dem Zauberer Ambrosius. Die Nachricht von dem geschichtenerzählenden Uhu sprach sich schnell herum. Immer mehr Mäuse kamen zu der Insel und lauschten Nacht für Nacht seinen unheimlichen Geschichten. Und der alte Uhu erzählte und erzählte und erzählte …
Von der Hexe Ramuxa und ihren tausend Gifttöpfen, von riesigen Fledermäusen, vom Tal der roten Schlangen, von grunzenden Ungeheuern, tief unter der Erde, von der Krake Saflafaff, die ganze Schiffe verschlingen konnte, vom See der Krokodile, von Riesen, Lindwürmern, Trollen, Kobolden, Gespenstern und vielen anderen herrlich gruseligen Geschöpfen …

Muh und Meh

Jürg Schubiger

Viele Tiere haben ihre Lieblingswörter. Wenn sie diese Wörter einmal können, kommen sie nicht mehr davon los. Die Kuh brüllt Muh.
Sie brüllt nicht Mah oder Mih, und Maus oder Mus schon gar nicht.
Und sie brüllt es immer, nie flüstert oder murmelt sie es.
Ihre Sprache ist also leicht zu lernen. Die Sprachen anderer Tiere auch.

Muh heisst «mehr Ruh». Kühe lieben die Stille. Darum brüllen sie.

Der Hahn kräht Kikeriki. Und das heisst «Jetzt oder nie!». Damit redet der Hahn sich Mut zu. Mut zu was? Einfach Mut, Mut zu allem.

Der Hund bellt Waf. Und zwar, weil er das S nicht aussprechen kann. Waf bedeutet «Was?» oder «Was ist denn schon wieder los?».
Der Hund bellt so lange, bis er eine Antwort hat.

Auch der Frosch stellt eine Frage. Sein Qua-qua ist Lateinisch und bedeutet «Wo?, Wo?». Der Frosch sucht etwas, und zwar seit zweitausend Jahren.

Damals sprach man noch Latein.

Die Katze schreit Miau. Sie kann weder das R noch das Ch aussprechen. Miau heisst «Mir auch». Büchsenfleisch, frische Leber, ein Gang durch den Garten: Das alles steht mir zu wie anderen Katzen auch.

Das Schwein grunzt Chrrr. Es kann also das Ch und das R aussprechen. Damit hat es sich aber.
Chrrr bedeutet bloss Chrrr und nichts darüber hinaus.

Das Pferd wiehert. Sein Wihihihi ist ein aufgeregtes «Wie»:
Wie weit, diese Wiese!, ruft es. Wie eng, dieses Zaumzeug!

Der Esel schreit I-a. Und das bedeutet natürlich «ja». Am liebsten
möchte der Esel aber nein schreien, denn er ist im Grunde dagegen.
I-a heisst also nicht ja, sondern nein.

Das Schaf blökt Meh. Und das heisst nicht etwa «mehr»,
mehr Gras, mehr Heu, mehr Wasser. Meh heisst «Meer».
Das Schaf ruft das Meer herbei, doch das Meer kommt nicht.

Die Meise pfeift Ziwitt, was «zu dritt» bedeutet.
Was sie damit meint, bleibt ein Rätsel.

Die Türkentaube gurrt Gu-guh-gu: «Gut gurrst du».
Das ruft sie einer anderen Türkentaube zu und ermuntert sie so
zum Gurren und gurrt dabei selber auch.

Es gibt Tiersprachen, die schwieriger sind. Um die Sprache der
Ameisen, eine Duftsprache, zu lernen, müsste man ein ganzes Jahr
in einem Ameisenhaufen zubringen. Und wer will das schon!

Die Sprache der Fische können noch nicht einmal die Fische ganz.
Sie können erst die Pausen zwischen den Wörtern. Die sind schon so
ruhig und schön, dass man auf die Wörter gespannt ist.

Die Sprache der Regenwürmer tönt wie der Regen.
Da diese Würmer nur reden, wenn es regnet, weiss man nie,
ob man die Würmer hört oder den Regen.

Der Handydieb (nach einem chinesischen Märchen)

Franz Hohler

Ein Mann vermisste einmal sein Handy.
Er schaute unter dem Bett nach, auf seinem Schreibtisch
und auf der Kommode des Badezimmers.

Als er es an keinem dieser Orte fand,
kam ihm der Verdacht, es könnte gestohlen worden sein.

Er wusste auch sofort, wer sein Handy
gestohlen haben musste, nämlich
der junge Mann im oberen Stock.

Er begann ihn zu beobachten, und er sah ganz klar,
dass der junge Mann die Bewegungen eines Handydiebes hatte.
Auch seine Blicke waren die eines Handydiebes, und erst seine
Kleider - es waren die typischen Kleider eines Handydiebes!

Die Frage war jetzt nur noch,
wie er ihm diesen Diebstahl beweisen konnte.
«Das Beste wäre», dachte der Mann,
«ich warte, bis er fort ist, dringe dann in seine Wohnung ein
und durchsuche alles.»

Der Mann wollte sich zu diesem Zwecke Handschuhe anziehen,
öffnete seinen Kleiderschrank und fand dort sein Handy,
das in der Tasche seines Sonntagsanzuges steckte.

Und seltsam, als er den jungen Mann im Treppenhaus
das nächste Mal anschaute, hatte dieser plötzlich nicht mehr
die Bewegungen eines Handydiebes.
Auch seine Blicke waren überhaupt nicht die
eines Handydiebes, und Kleider wie er trug eigentlich
heute fast jeder jüngere Mensch.

Der junge Mensch aber wunderte sich, dass ihn der Mann
aus dem unteren Stock so anschaute. «Der blickt mich ja an»,
dachte er, «als hätte er mich bestohlen.»
Er vermisste nämlich seit gestern sein Handy.

Es war einmal ein Igel

Franz Hohler

Es war einmal ein Stern
Der hatte Kühe gern.

Es war so kalt im All
Und weit und breit kein Stall.

Er gab sich grosse Mühe
Und rief: «Kommt her, ihr Kühe!»

Es kamen aber keine
Und so blieb er alleine

Was hast du mal von einer Reise mitgebracht?

Es war einmal ein Fuchs
Der machte keinen Mucks.

Er lag so still im Gras
Dass sich ein dummer Has
Zum Ausruhn auf ihn setzte.

Das war dann auch das Letzte.

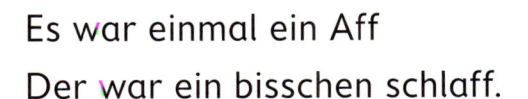

Es war einmal ein Aff
Der war ein bisschen schlaff.

Er lag fast nur im Bett
Und wurde dick und fett.

Doch träumt er jeden Winter
Er sei der schnellste Sprinter.

Das Rhinozeros

Brigitte Schär

Unsere Lehrerin ist ein Rhinozeros.
Ich weiss, das könnte jetzt als Beleidigung missverstanden werden.
Es ist aber nicht so gemeint. Denn meine Lehrerin kann sich wirklich in ein Rhinozeros verwandeln.

An einem Morgen, als wir gerade eine Arbeit schrieben, geschah es zum ersten Mal vor unseren Augen. Zuerst ärgerte sich Frau Pütt über uns, weil wir kicherten. Dann schnaubte sie, als wir flüsterten, und plötzlich – wir kicherten und flüsterten gerade nicht – verzerrte sich ihr Gesicht. Sie wurde grösser und plumper. Dann krachte der Stuhl zusammen und da stand das fertige Rhinozeros.

Wir Kinder erschraken fürchterlich.
Gelacht hat wirklich niemand.
Das wünscht man niemandem, ein
Rhinozeros zu werden.

Wir berieten dann, ob wir jetzt brav die
Arbeit fertig schreiben sollten. Oder
doch lieber unserer armen Lehrerin helfen.
Helfen, kam bei der Abstimmung durch
Handheben heraus. Also legten wir unsere
Hefte weg. Und kümmerten uns um Frau Pütt.

Es war, das muss ich zugeben, ein schönes
Rhinozeros. Welche Klasse hat schon ein eigenes,
echtes Rhinozeros anstelle einer Lehrerin.

Ein paar Kinder beruhigten das Rhinozeros.
Ein paar gingen draussen frisches Gras und Kräuter holen.
Ein paar Kinder gingen Holz suchen für neue Möbel für Frau Pütt.
Ein Kind holte heimlich einen Kessel im Materialraum von Herrn Just,
unserem Hausmeister, und brachte darin Wasser.

Unsere Klasse beschloss, wieder in einer Abstimmung durch
Handheben, niemandem von dem Rhinozeros im Schulzimmer
zu erzählen. Es sollte unser Klassengeheimnis bleiben.
Und vielleicht verwandelte sich Frau Pütt ja wieder zurück.

Als genug Holz ins Schulzimmer geschafft war und wir auch
Hammer und Nägel und eine Säge bei unserem Hausmeister geholt
hatten, trauten wir uns doch nicht, mit der Arbeit anzufangen.
Der Lärm hätte alle angelockt.

So musste Frau Pütt halt noch etwas auf ihr neues,
starkes Lehrerpult warten. Und auf den stärkeren Stuhl.

Es war ein wunderbarer Schultag. Wir hatten unglaublich viel
zu tun und an vieles zu denken. Unsere Klasse verstand sich so gut
wie noch nie, Mädchen und Jungen. Es war richtig schade,
als wir am Nachmittag nach Hause mussten.

Zu Hause hatten alle zu tun. Zum Beispiel im Tierlexikon nachlesen,
was ein Rhinozeros alles zum Leben braucht.

Stell dir vor, du hättest die Aufgabe,
deine Schule zu verbessern.
Was würdest du ändern?
(Nur zwei Dinge)

86

Ein paar von unserer Klasse schlichen sich in der Nacht in die Schule.
Wir wussten einen geheimen Eingang.
Eine Tür, die nur wir kannten und die nie verschlossen war.
Und dann zimmerten wir den Tisch und den Stuhl.

Das Rhinozeros schaute uns traurig, aber dankbar an.
Und als die Möbel fertig waren, hielten sie wirklich
seinem Gewicht stand.

Am nächsten Tag sass das Rhinozeros an seinem Lehrerpult
und der Unterricht begann. Wir mussten alles selbst tun.
Aber Hauptsache, ein Rhinozeros sass vorn.

Eine ganze Woche hielten wir Kinder durch. In der Nacht
musste haufenweise Heu und Gras ins Zimmer gebracht werden.
Das Rhinozeros frass Unmengen und wurde immer dicker.

An einem Montag geschah es dann: Das Rhinozeros platzte.
Einfach so. Das war ein verrückter Knall. Wie eine Explosion.
Ein paar Bänke flogen durch die Luft. Und noch so einiges.
Alle gingen in Deckung. Und dann stand Frau Pütt wieder vorn.
Zuerst war sie schrecklich wütend.
Warum, auf wen und was?
Keine Ahnung, das weiss man bei Lehrern
ja nicht immer so genau.
Dann aber hat sie schallend gelacht.

S.O.S im Internet

Gerda Anger-Schmidt

Katastrofsky: Kollege Krallinski, bitte melden!
Krallinski: Hier Krallinski, wo brennt's denn?
Katastrofsky: Bin in Lebensgefahr!
Mein Frauchen dreht durch!
Krallinski: Soll ich meine Brüder einschalten?
Katastrofsky: Nein, lass mich lieber bei dir untertauchen!
Mach die Balkontür einen Spalt auf!
Krallinski: Alles klar!
Fluchtweg offen!
Erwarte dich, Kollege!

Eine Minute und sieben Sekunden später ist Katastrofsky bereits auf der Flucht. Vom Wohnzimmer ins Vorzimmer. Vom Vorzimmer in die Küche, da hier das einzige Fenster ohne Katzengitter ist. Hinauf aufs Fensterbrett.

Und dann – ein Blick zum Himmel, ein Blick in den Abgrund – dann wagt Katastrofsky den Sprung in die Tiefe. Und landet acht Sekunden später wohlbehalten auf dem Balkon von Krallinski, der die Wohnung unter ihm bewohnt.

«Und was hast du heute wieder ausgefressen?», fragt Krallinski, als sie später beisammensitzen und sich eine Hühnerleber teilen.

«Eigentlich gar nichts!», sagt Katastrofsky. «Ich wollte nur ein bisschen mit dem dicken Anatol, unserem Goldfisch, spielen. Du verstehst, was ich meine. Leider hat mich Klara dabei erwischt und geschrien: «Pfoten weg von Anatol!» Ich denk mir: «Na gut, meine Süsse, zwitschere ich eben ab!» Da steht mir plötzlich ein Farbtiegel im Weg, weil Klara ausgerechnet heute die Fensterrahmen streichen muss. Mit dem Fuss im Farbtiegel falle ich dann auch noch durch eine Glasscheibe – und da ist Klara völlig ausgerastet.»

«Und wer ist wieder einmal an allem schuld?», fragt Krallinski. «Der dicke Anatol!», sagen beide einstimmig.

Papa gibt sich Mühe

Salah Naoura

Letztes Jahr musste Mama in den Ferien für zwei Wochen
zu Tante Gertrud, die Probleme mit dem Knie hatte.
Und Papa arbeitete den ganzen Tag, deshalb zog Opa bei uns ein,
um sich um mich zu kümmern.
«Na, Julius, wie steht's?», fragte er.
«Mir ist langweilig», beschwerte ich mich. «Und Papa hat nie Zeit.»
«Weisst du, wie man Papierflieger baut?», fragte Opa.
Von Papierfliegern hatte ich noch nie was gehört.
«Na, Flugzeuge aus Papier», erklärte Opa. Er holte ein Blatt,
faltete es einmal so und einmal so, knickte es einmal hier
und einmal da, zog einmal unten, einmal oben.
«Fertig.» Er hielt es mir hin.
«Das da soll ein Flugzeug sein?» Ich betrachtete das Ding
von allen Seiten. «Wo ist denn die Fernsteuerung?»
«Es braucht keine», sagte Opa und warf den Flieger
einfach so in die Luft!
Das gefaltete Blatt flog einen Halbkreis um die Wohnzimmerlampe,
segelte elegant über die Sofalandschaft und landete
auf Papas Wäscheberg vorm Badezimmer.
Ein Superflieger!
Ich rannte in mein Zimmer, holte einen grossen Stapel Blätter,
und dann zeigte Opa mir, wie man Superflieger faltet.

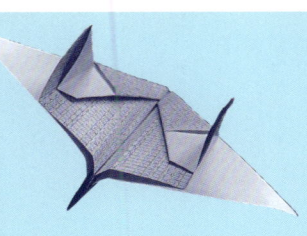

Wir liessen sie von überall fliegen: vom Stuhl, vom Tisch,
von der Leiter, vom Balkon. Das Blöde war, dass der Flug trotzdem
immer nur so kurz dauerte.
«Wir müssen höher», sagte ich. «Viel, viel höher!»
Als Papa am Abend nach Hause kam, wollte ich ihm den Superflieger
vorführen. Aber Papa sagte «Ja, gleich» und klappte seinen Aktenkoffer
auf. Dann zog er seine Krawatte aus, liess sich in den Flursessel
plumpsen und telefonierte eine Ewigkeit. «Du hast nie Zeit für mich»,
motzte ich, als er endlich fertig war. «Ich bin dir total egal!»
Er rieb sich die Augen und starrte mich so komisch an.
«Das stimmt doch gar nicht, Sohnemann. Ich würde alles für dich tun.
Weil du mir kein bisschen egal bist.»
«Gut», sagte ich. «Dann darf ich am Sonntag bestimmen,
was wir machen.»
«Gut», sagte Papa. «Versprochen. Was machen wir?»
«Wir gehen rauf auf die Frauenkirche und lassen Opas
Superflieger fliegen!»
Papa wurde blass. Dann stand er stöhnend auf und verschwand
in der Küche. Als Opa mich ins Bett brachte, erklärte er mir,
dass Papa schreckliche Angst vor Türmen hat. Weil es ihm dort
zu hoch ist. Und vor Aufzügen. Weil es ihm dort zu eng ist.
«Na und?», sagte ich. «Versprochen ist versprochen.»
Am Sonntag knabberte Papa beim Frühstück nur ein winziges bisschen
an seinem Brötchen und legte es dann wieder auf den Teller.
Und er trank keinen Kaffee, wie sonst, sondern ein grosses Glas Wasser.
«Jetzt gehen wir», bestimmte ich, als ich fertig war.

«Jaja», sagte Papa und blieb sitzen.
«Na los!», sagte ich und guckte ihn streng an.
In der Strassenbahn schaute Papa die ganze Zeit aus dem Fenster und zog seinen Mantel aus, weil ihm zu warm war.
In der Kirche lief er als Erstes zum Altar und erklärte mir und Opa, wann die Kirche gebaut worden war und dass die Orgel sehr, sehr wertvoll sei. Und diese wunderbaren Fenster da drüben …
«Ja, Papa. Können wir jetzt endlich auf den Turm?»
«Wollen wir nicht erst noch eine Kerze anzünden?», schlug er vor.
«Und beten?»
«Nein! Komm jetzt.»
In der Warteschlange vor dem Aufzug fragte Papa jeden, ob es nicht irgendwo eine Treppe gäbe. Es gab zwar eine, aber die war wegen Bauarbeiten gerade gesperrt.
Ich entdeckte kleine Schweisstropfen auf Papas Stirn.
Seine Augen fingen an zu tränen und seine Lippen zitterten.
Da merkte ich, dass er wirklich alles für mich täte.
«Weisst du was, Papa? Wir haben was total Wichtiges vergessen! Jemand muss den Superflieger unten wieder auffangen!» «JA!», brüllte Papa. «Stimmt ja! Soll ich das machen?»
«Das wär toll», sagte ich, und Papa rannte zum Ausgang.
Als wir oben waren, liess ich unseren Superflieger fliegen und sah, wie Papa winzig klein dort unten hin und her rannte, um ihn zu fangen.
Er fing ihn nicht.
Aber ich finde, das macht nichts, denn mein Papa täte alles für mich und gibt sich wirklich Mühe.

93

Quellenverzeichnis

Fragen Seite 26, 36, 47, 32, 64, 75, 77, 83, 85:
Erschienen in: Mikael Krogerus/Roman Tschäppeler
Mein Fragebuch
© 2014 by Kein & Aber AG, Zürich – Berlin

Seite 4: Text: Paul Maar / Nele Maar:
Mehr Affen als Giraffen
© Verlag Friedrich Oetinger, Hamburg 2009

Seite 6: Ben Kuipers:
Ich bin dein Freund, mit Bildern von Ingrid Godon.
Aus dem Niederländischen von Hedwig von Bülow
© Nagel & Kimche im Carl Hanser Verlag München 2002
Original: © Uitgeverij Leopold

Seite 10: Josef Guggenmos
© Ernst Klett Verlag GmbH

Seite 12: Ute Andresen, Monika Popp,
Bruder Löwenzahn und Schwester Maus
© 2004 Beltz & Gelberg in der Verlagsgruppe Beltz,
Weinheim/Basel

Seite 14: Andrea Geffers, in:
Vorlesetheater – Das Praxisbuch
© Verlag an der Ruhr 2008, S. 109–110

Seite 18: aus: Fredrik Vahle,
Ich und du und der Drache Fu
© 2012 Beltz & Gelberg in der Verlagsgruppe Beltz,
Weinheim/Basel

Seite 22: Gedicht von:
Jürgen Spohn: Wie heisst du denn? aus:
Drunter & Drüber, C. Bertelsmann Verlag
© Barbara Spohn 1992

Seite 23: aus: Hans-Joachim Gelberg (Hrsg.),
Überall und neben dir
© 1986, 2010 Beltz & Gelberg in der Verlagsgruppe Beltz,
Weinheim/Basel

Seite 24: Gerda Anger-Schmidt/Renate Habinger
Neun nackte Nilpferddamen
© 2003 Residenz Verlag im Niederösterreichischen
Pressehaus Druck- u. Verlagsgesellschaft mbH,
St. Pölten – Salzburg – Wien

Seite 26: Franz Hohler «Der grosse Zwerg» aus:
«Wegwerfgeschichten»
© Zytglogge Verlag Oberhofen, 12. Auflage 2009

Seite 27: Text und Illustration: Rotraut Susanne
Berners Märchencomics
© 2008 Verlagshaus Jacoby & Stuart, Berlin

Seite 32: Silvia Hüsler, in:
Kinderverse aus vielen Ländern
2. Auflage, April 2009,
© Lambertus Verlag GmbH, Freiburg

Seite 34: © Joke van Leeuwen

Seite 38: aus: Manfred Mai:
Die schönsten 1-2-3 Minutengeschichten
© 2001 by Ravensburger Buchverlag
Otto Maier GmbH, Ravensburg

Seite 40: Gerda Anger-Schmidt/Renate Habinger,
Neun nackte Nilpferddamen,
© 2003 Residenz Verlag im Niederösterreichischen
Pressehaus Druck- u. Verlagsgesellschaft mbH,
St. Pölten – Salzburg – Wien

Seite 42: Vom Streiten und Dröhnen und vom schönen
sich Versöhnen, aus: **Sei nicht sauer meine Süße**
von Gerda Anger-Schmidt,
© S. Fischer Verlag GmbH, Frankfurt am Main, 2015, erstmals erschienen 2009 im Sauerländer Verlag

Seite 44: Christine Nöstlinger/Heide Stöllinger,
Ein und Alles
© 2014 Residenz Verlag im Niederösterreichischen
Pressehaus Druck- u. Verlagsgesellschaft mbH,
St. Pölten – Salzburg – Wien

Seite 45: Christine Nöstlinger/Heide Stöllinger,
Ein und Alles
© 2014 Residenz Verlag im Niederösterreichischen
Pressehaus Druck- u. Verlagsgesellschaft mbH,
St. Pölten – Salzburg – Wien

Seite 46: Frantz Wittkamp, Gestern, aus:
Hans-Joachim Gelberg (Hrsg.), **Überall und neben dir**
© 1986, 2010 Beltz & Gelberg in der Verlagsgruppe Beltz,
Weinheim/Basel

Seite 47: © Marianne Schäfer-Engelmann, D-Neuwied

Seite 48: Rotraut Susanne Berner:
Karlchen-Geschichten
© Carl Hanser Verlag GmbH & Co. KG, mit freundlicher Genehmigung von Carl Hanser Verlag GmbH & Co. KG

Seite 50: Paul Maar/Nele Maar:
Mehr Affen als Giraffen
© Verlag Friedrich Oetinger, Hamburg 2009

Seite 52: © Salah Naoura, Berlin

Seite 54: aus: Manfred Mai:
Die schönsten 1-2-3 Minutengeschichten
© 2001 by Ravensburger Buchverlag Otto Maier GmbH, Ravensburg

Seite 55: Jens Rassmus,
Der karierte Käfer
© 2007 Residenz Verlag im Niederösterreichischen Pressehaus Druck- u. Verlagsgesellschaft mbH,
St. Pölten – Salzburg – Wien

Seite 56: Paul Maar,
JAguar und NEINguar
© Verlag Friedrich Oetinger, Hamburg 2007

Seite 58: Bibi Dumon Tak, Das Faultier
(aus: **Kuckuck, Krake, Kakerlake**, S.7),
© für die deutsche Ausgabe:
arsEdition GmbH, München; erschienen in der Bloomsbury Verlag GmbH, Berlin

Seite 59: aus Manfred Mai:
Die schönsten 1-2-3 Minutengeschichten
© 2001 by Ravensburger Buchverlag Otto Maier GmbH, Ravensburg

Seite 60: © Martin Klein, Berlin

Seite 64: © Horst Bartnitzky, Duisburg

Seite 66: © Max Bolliger – Nachlassverwaltung Robert Fuchs und Anke Hees, Zürich

Seite 67 oben, Mitte: Paul Maar,
JAguar und NEINguar
© Verlag Friedrich Oetinger, Hamburg 2007
unten: Paul Maar/Anne Maar:
Mehr Affen als Giraffen
© Verlag Friedrich Oetinger, Hamburg 2009

Seite 68: © Franz Hohler

Seite 69: © Kurt Heusser

Seite 70: © beim Autor: Alfons Schweiggert, München

Seite 72: © Franz Hohler

Seite 76: © Erwin Moser

Seite 78: Jürg Schubiger:
Wo ist das Meer?
© 2000 Beltz & Gelberg in der Verlagsgruppe Beltz, Weinheim/Basel

Seite 80: Franz Hohler/Nikolaus Heidelbach,
Das grosse Buch
© Carl Hanser Verlag München 2009

Seite 82: Franz Hohler, in:
Es war einmal ein Igel, 2011
© Carl Hanser Verlag GmbH & Co. KG,
mit freundlicher Genehmigung von
Carl Hanser Verlag GmbH & Co. KG

Seite 84: Das Rhinozeros, aus:
Dinosaurier im Mond von Brigitte Schär
© S. Fischer Verlag GmbH, Frankfurt am Main, 2015, erstmals erschienen 2009 im Sauerländer Verlag

Seite 88: S.O.S. im Internet, aus:
Sei nicht sauer meine Süße von Gerda Anger-Schmidt
© S. Fischer Verlag GmbH, Frankfurt am Main, 2015, erstmals erschienen 2009 im Sauerländer Verlag

Seite 90: © Salah Naoura, Berlin

Nicht in allen Fällen war es dem Verlag möglich, den Rechteinhaber ausfindig zu machen. Berechtigte Ansprüche werden im Rahmen der üblichen Vereinbarungen abgegolten.

Impressum

Autorenteam
Ladina Limacher Mannhart, Maria Riss, Mary Wietlisbach

Projektleitung
Maria Riss, Zentrum Lesen FHNW Brugg, und Peter Uhr, Schulverlag plus AG

Herstellung
Marcel Walthert

Illustrationen
Julien Gründisch, Mira Meier, Suela Raschetti, Dominique Girod

Gestaltung
GIROD GRÜNDISCH Visuelle Kommunikation SGD

Korrektorat
Daniela Winkler

Druck
Ostschweiz Druck AG, Wittenbach

© 2015 Schulverlag plus AG   Lehrmittelverlag St.Gallen

2. unveränderte Auflage 2016

ISBN 978-3-292-00794-0 (Schulverlag plus AG)
ISBN 978-3-905973-43-3 (Lehrmittelverlag St.Gallen)

Das Werk und seine Teile sind urheberrechtlich geschützt. Jede Verwertung in anderen als den gesetzlich zugelassenen Fällen bedarf der vorherigen schriftlichen Einwilligung der Verlagsgemeinschaft.